L 48
Lb 688

DE

L'ESPRIT PUBLIC

EN FRANCE;

PAR M. DE C....., *Caunes*

Ancien Élève de l'École Polytechnique, Ingénieur, etc.

———

INTRODUCTION.

PRIX : 75 centimes.

———

A PARIS,

Chez DELAUNAY, Libraire, et les Marchands de Nouveautés, au Palais-Royal.

NOVEMBRE 1816.

AVANT-PROPOS.

L'ANIMOSITÉ avec laquelle les partis continuent à lutter entre eux, met la France dans une position difficile ; les plus grands intérêts y ont été froissés ou compromis : voilà pourquoi la plupart des habitans de ce malheureux pays portent toujours un regard inquiet sur tout ce qui est relatif à la politique.

La sollicitude générale dont la chose publique paraît être l'objet, tient aussi à un sentiment national, qui est soutenu par l'influence qu'exercent encore sur le peuple quelques hommes généreux, dont l'âme s'est élevée au-dessus des passions vulgaires, pour se livrer toute entière à l'amour de la patrie, identifié avec celui qu'inspirent aux Français notre digne monarque Louis XVIII et son auguste famille.

Pénétré de ces nobles affections, je me suis livré, depuis quelques années, à l'étude du moral de l'homme, à celle des sciences positives, et à leurs rapports avec la révolution qui a désolé la France. J'ai composé, d'après les observations que j'ai recueillies, un travail qui a pour titre : *De l'Esprit public en France.*

J'entends par esprit public, la disposition constante de tous les citoyens d'une nation à aimer et à défendre au besoin la patrie, les lois, et le gouvernement : c'est le civisme.

Mon travail se divise en deux parties. La première fait voir que la politique intérieure des gouvernemens qu'a eus la France, depuis le commencement de la Révolution, a amené la chute de l'esprit public. La seconde fait connaître les moyens par lesquels il peut se former et se soutenir.

Cette dernière partie répond à cette question : *Quel est donc ce changement dans les institutions, que nos temps semblent commander, que tant de gens veulent soutenir, que tant d'autres combattent, et sur lequel on paraît, malgré les meilleures intentions, être si peu disposé à s'entendre ?*

Je crois devoir annoncer d'avance, avec satisfaction, que les résultats de mes recherches se trouvent confirmés par la Charte constitutionnelle, et se présentent même comme les conséquences nécessaires d'un de ses principaux articles.

Ce travail, que je publierai sous peu, offrira beaucoup d'imperfections sans doute ; il ne sera même que le canevas d'un ouvrage que je voudrais pouvoir achever un jour : en ajourner pour long-temps l'impression, serait faire un véritable sacrifice à mon amour-propre ; mais tout scrupule doit cesser lorsque je suis persuadé que mes idées peuvent être utiles. Elles le seront surtout dans le moment actuel, devenu décisif, puisqu'il s'agit de faire des lois organiques qui, pour prévenir de nouveaux troubles, se rattachent à la Charte royale, soient en harmonie avec les idées de notre siècle, et veillent à la conservation du trône.

Les matériaux de mon travail se trouvant rassemblés à l'époque de la restauration, je conçus l'espoir flatteur de le faire agréer par S. M. Louis XVIII, dont le retour comblait le vœu des Français, et fixait leur attention sur les principes d'après lesquels ils allaient être gouvernés. J'adressai la lettre ci-jointe (1)

---

(1) *A son Excellence Monseigneur le maréchal.........*

« Monseigneur, le Roi, en vous nommant gouverneur de notre division, a comblé de joie les habitans de cette partie de la France : chacun de nous a été satisfait d'apprendre qu'il allait être gouverné par celui qui vient d'employer à sauver notre pays, son courage, sa fermeté, et une sage temporisation. Les habitans de cet arrondissement n'ont-ils pas, sous ce rapport, à vous exprimer les vœux de leur reconnaissance ? Les actes de bienveillance que vous avez exercés en leur faveur vous ont placé dans leur cœur : ils vous tiennent compte, au plus haut degré, de les avoir jugés dignes de posséder, dans le sein de leur ville, un illustre rejeton de nos Rois. Au milieu de l'enthousiasme général que produisit la présence de monseigneur le duc d'Angoulême, l'attendrissement fut si grand, que le cri de joie fut souvent étouffé par les larmes ; et j'ai vu, Monseigneur, dans cette circonstance, s'établir une telle harmonie de sentimens entre vous et mes concitoyens, que cela m'a encouragé à vous prier de faire hommage à Sa Majesté d'un travail que j'ai fait, sur des objets de politique. J'ai consigné la prière que j'ai l'honneur d'adresser au Roi dans une lettre accompagnée d'un écrit qui doit servir d'introduction.

» Vous devez penser, Monseigneur, avoir inspiré une trop haute idée de vous-même, pour pouvoir présumer à M. le Maréchal***. Je lui fis passer un Memoire sur l'état où étaient alors les opinions politiques, et sur la nécessité de modifier les anciennes institutions ; je le suppliai en même temps de vouloir bien présenter ce travail à Sa Majesté. Il est à croire que je ne suivis pas la marche convenable en faisant cet envoi, qui est resté sans réponse.

C'est ce Mémoire que je livre à l'impression. Il sert d'introduction à l'ouvrage que j'annonce, qui paraîtra incessamment, si ce premier essai est goûté du public.

---

que tout autre qu'un homme sans pudeur pût prendre de spécieux prétextes pour vous engager dans ses intérêts personnels. Mon âme n'a qu'un mobile, le désir d'être utile à mon pays et à mon Roi ; celui qui les a si bien servis ne s'étonnera pas qu'en m'élevant à ces idées , je n'aie pas balancé à le supplier de faire agréer à Sa Majesté un travail qui n'a été fait que dans cet esprit. C'est une remarque importante à faire pour l'histoire de nos temps, qu'au retour de la famille des Bourbons, l'amour de la patrie se soit réveillé dans les cœurs où il était à peu près éteint , et que chacun n'ait pas cru pouvoir employer un meilleur moyen de faire sa cour au Roi, que de l'entretenir des intérêts de la France ».

MÉMOIRE

SUR LA NÉCESSITÉ DE MODIFIER LES ANCIENNES IN-
STITUTIONS, ADRESSÉ A UN MARÉCHAL DE FRANCE,
LE 20 MARS 1814, POUR ÊTRE PRÉSENTÉ A SA
MAJESTÉ.

« Le Roi ne sera heureux que quand
» le peuple français le sera ».
MONSIEUR.

Le retour des Bourbons sur le trône de France
satisfait à une des principales conditions nécessaires
pour que ce royaume conserve son rang comme
nation européenne, celle de le mettre en harmonie
avec les puissances qui l'environnent. Il y a des gens
de bon sens qui ont dit que, si le même principe
ne présidait pas à la constitution des grands États
de l'Europe, on se trouverait exposé à de violentes
luttes : ils reconnaissaient qu'il fallait que la révolution qui interrompait la suite de nos Rois devînt
générale, ce qui ne pouvait avoir lieu sans la
guerre (1), ni durer faute de principes solides; ou
qu'il fallait appeler de nouveau, pour régner, la race
des Bourbons; ce qui était plus sage, puisqu'on était
assuré d'obtenir la paix, et, avec elle, les autres
sortes de bonheur. Ces hommes, amis de leur pays,
raisonnaient indépendamment des passions et des

____

(1) Ceci a été confirmé par la guerre que Bonaparte a été
obligé de faire pour établir sa dynastie.

intérêts privés, et conséquemment ne formaient pas de parti; aussi leurs avis ont été peu recherchés, peu répandus, et par suite peu utiles : ils voulaient concilier, tandis que les factions ne songeaient qu'à se heurter pour dominer. En France, les opinions ont le plus souvent servi de prétexte.

Nous gémirons long-temps sur le passé; je ne sais pas si nous serons assez prudens pour y puiser des leçons propres à nous conduire dans les temps à venir : sous ce rapport, la Révolution française est l'école des Rois et des peuples. Elle est celle des Rois, en leur apprenant que la puissance royale doit s'appliquer surtout à garantir ou à délivrer un peuple de la servitude outrageante à laquelle cherchent à le réduire tous les hommes qui s'élèvent; car le dépit concentré d'une multitude humiliée est le signe probable de son soulèvement, comme ses ressentimens sont quelquefois les germes indestructibles de sa rébellion. Elle est aussi l'école des peuples, en leur apprenant que la royauté arrête les grandes ambitions, et conséquemment prévient leurs effets désastreux; en leur faisant voir leurs véritables ennemis parmi les factieux; en leur enseignant à se défier des menées de tous les partis, et en les tenant en garde contre leurs insinuations, souvent flatteuses, quoique perfides; en leur montrant enfin à distinguer l'anarchie, qui mène au désordre, à la fureur, au crime, et définitivement à l'esclavage, de cette douce indépendance, qui fait le bonheur de l'homme, qu'on ne doit ravir à personne, et qui, n'en doutons pas, sera bientôt pour les Rois, de la part des sujets, une source intarissable d'amour et de fidélité.

Les Français qui ont suivi les diverses directions de nos mouvemens politiques sont dans l'attente : chacun est encore avide de connaître son sort; mais ceux qui n'ont donné dans aucun genre d'excès, et qui raisonnent dans le calme, d'après la réputation de bonté que se sont acquise les Bourbons, et d'après les circonstances qui nous environnent, sont assurés que les actes du Roi seront marqués au sceau d'une bienveillance paternelle ; qu'il oubliera là où un homme ordinaire exercerait des vengeances; qu'au lieu de seconder des vues meurtrières, il cherchera à rapprocher les partis; et qu'étouffant les dissentions civiles, il travaillera à mettre à profit cette élévation d'âme naturelle aux Français, qu'on peut diriger si avantageusement.

Elle est telle en effet, que les Etrangers n'auraient pas pu remplir leur but, s'ils avaient montré l'intention d'humilier la France et de la démembrer : la fierté des Français exclut l'humiliation. Ce n'est pas la France qu'ils ont vaincue; mais ils ont l'honneur d'avoir abattu l'homme qui avait flétri nos cœurs. S'ils ne s'étaient pas annoncés comme nos amis, s'ils n'avaient pas paru se rattacher au nom des Bourbons, les âmes fortes auraient soulevé toute la nation. L'orage s'est formé plusieurs fois : il n'a manqué que l'étincelle pour en réunir les élémens; mais elle est restée captive entre les mains des seuls hommes qui pouvaient la faire jaillir, ceux qui, dévoués seulement à leur pays, ne voyaient que sa délivrance dans la chute de son tyran. Cependant, malgré les assurances généreuses données par les Alliés, un crêpe funèbre s'étendait sur la France : des sanglots, des larmes, une sombre affliction accompagnaient nos valeureux soldats à leur tombe glorieuse.... Ah ! serait-il Français celui qui pourrait envisager sans douleur la mort de nos braves !.... L'attitude martiale que gardaient les vieux soldats dans leur retraite, la démarche fière de cette jeune bourgeoisie que l'opinion avait éloignée du service, le calme des hommes faits de la classe du peuple, auraient pu faire croire qu'on se battait encore à cinq cents lieues de la France, lorsque les Alliés l'avaient presque entièrement conquise : le cœur se dirigeait vers les Bourbons, et l'esprit se fixait sur les principes par lesquels la politique allait être dirigée. Le Français, dans cette grande circonstance, n'a pas cessé d'être lui-même.

Le plus difficile n'est pas de s'élever au gouvernement d'un pays, quand il est divisé par des factions ; mais c'est de s'y maintenir et d'en rendre les habitans heureux : Bonaparte l'a prouvé. Cet homme se trouva dans des circonstances à la faveur desquelles devait nécessairement s'élever quelqu'un d'audacieux ; son caractère les lui fit saisir. On peut bien attribuer à son génie et à son adresse quelques-unes des époques éclatantes de son élévation ; mais toute sa conduite n'a pas été le résultat d'un plan

combiné d'avance ; car nul n'a pu faire abstraction de
la Révolution, pour dire : « Je prendrai tels moyens,
» et j'arriverai là inévitablement » : le soutenir, ce
n'est pas la connaître. On n'est plus autorisé à penser
qu'un premier acte de sa part fût un engagement
qui détermina ses pas, de manière que chacun ait
été la conséquence obligée de celui qui le précéda.
Nous avons pu juger que, quand on se lance active-
vement dans les mouvemens politiques, on ne peut
plus reculer : vos partisans mêmes, bercés d'illusions
trompeuses, vous poussent toujours en avant ; et
l'on finit par un coup de théâtre : c'est là l'histoire
politique de bien des gens...... *La Révolution
est plus sérieuse qu'ils ne l'ont jugé....* Elle
n'épargne aucun ambitieux. Bonaparte avait une
volonté inflexible ; s'il se fût trouvé sur la ligne du
bien, il avait assez de caractère pour le faire ; mais
il ne l'a ni connu ni voulu. D'abord il ne l'a pas connu ;
car, comme bien d'autres grands faiseurs, il a assisté
à nos convulsions sans les comprendre. La Révolution
française est comme une pièce de théâtre : elle sert de
spectacle à beaucoup de gens, qui ne sont pas tous
appelés à la juger ; et la preuve que Bonaparte a été
d'abord de ce nombre, c'est qu'il n'en a pas tenu
compte : or, pour produire un bien réel, la politique
actuelle doit presque se réduire à ceci, *tenir compte.*
Si Bonaparte avait eu un jugement éclairé, aurait-il
prétendu établir la supériorité de la force des armes
sur celle des idées ? Il n'a pas non plus voulu le bien :
les crimes ne sont pas nécessaires ; ils répugnent

aux mœurs françaises ; et c'est les voiler sottement que de les nommer des coups d'État, par esprit de parti. Il n'a pas voulu le bien, lorsque, se laissant enivrer de fades adulations, il a désiré d'être témoin de son apothéose. Comment, avec son ambition, aurait-il même pu continuer à le vouloir, lorsqu'il vit que, l'opinion, base essentielle en politique, manquant à son édifice, il était réduit à ne plus user que d'astuce ? Il est tombé.... il devait finir....
Un homme de grand sens (1) avait dit de lui, il y a

---

(1) M. M****, membre de la Constituante et de plusieurs autres assemblées. Il publia des opinions remarquables sur les impôts indirects et contre les assignats ; il opina pour mettre Marat en jugement ; il se déclara incompétent pour juger Louis XVI, et vota, seulement par mesure de sûreté générale, contre la mort, pour l'appel au peuple et pour le sursis. M. M**** regarda la mort du Roi comme un événement désastreux ; il en voyait clairement les malheureux résultats, dont un des moindres ne lui paraissait pas être l'injuste accusation qu'on ferait peser un jour sur le peuple français. Il fut d'autant plus affligé, qu'il aimait et respectait beaucoup Louis XVI. M. M**** avait été, dans la Constituante, membre du comité des recherches ; à cette occasion, il avait eu avec le Roi des relations qui lui avaient inspiré une haute estime pour Sa Majesté, à cause de ses connaissances et de ses sentimens. Il citait les travaux que le Roi avait faits, tels, par exemple, que le rapport sur les colonies, écrit de sa main, et le tracé du voyage de La Peyrouse, etc. « Louis XVI, disait-il souvent, était le véritable ami de la France ». M. M**** crut que le caractère de député interdisait pour toujours d'accepter des emplois publics, et plus encore d'employer le temps de la députa-

douze ans : « C'est une parenthèse qui vient de s'ou-
» vrir : elle se fermera ; après cela, on reprendra le
» fil du discours ». Quelle pensée ! comme elle pénètre dans l'avenir !…. Bonaparte a voulu étouffer
les idées de son siècle pour conserver le libre essort
de sa tyrannique ambition : voilà son système : voilà
sa faute. Ils se sont trompés ceux qui ont dit, dans
un sens absolu, que la force l'ayant élevé, la force
l'avait abattu. Les peuples ont depuis long-temps un
besoin politique qu'ils éprouvent sans le définir, et
auquel nos Législateurs n'ont pas satisfait ; en sorte
que, pendant la Révolution, les esprits sont restés
flottans. Il n'était pas nécessaire d'user de violence,

---

tion à se ménager du crédit auprès des gouvernemens ;
aussi refusa-t-il toutes les places qu'on voulut lui donner au
Directoire. Il n'usa de la faveur dont il y jouissait que pour
appuyer quelques malheureux, et pour y prononcer ces
fortes et terribles assertions par lesquelles il éclairait quelquefois tout l'avenir. M. de T********* et lui définissaient
la Révolution un *déplacement* d'idées ; et en effet, cette défi-
nition l'explique toute entière. M. M**** ne se fit pas un
instant illusion sur les projets ambitieux de Bonaparte ,
qu'il regardait comme l'oppresseur de son pays. Dût-on,
pour ménager quelques amours-propres, l'accuser de fausse
délicatesse, je dois dire néanmoins qu'il aurait cru souiller
sa vie politique en acceptant, sous Napoléon, le moindre de
tous les honneurs dont il aurait pu être comblé. Une figure
agréable, un sourire fin et gracieux, des manières aimables,
un excellent ton, la connaissance et l'observation de toutes
les convenances, un esprit fin, une éloquence rare, beaucoup de dignité, cet atticisme français qu'on ne retrouve
plus, des connaissances étendues, un génie aussi subtil qu'il

pour s'élever à travers des indécisions ; surtout quand la faux révolutionnaire, après avoir frappé partout où elle avait trouvé la générosité, semblait n'avoir laissé que des âmes vénales dans les rangs des hommes qui donnaient l'impulsion. Il ne fallait, pour réussir, que répandre la corruption, montrer de l'audace, et exciter l'enthousiasme de la jeunesse par de grands mots : certainement on n'en a pas ménagé l'emploi ! C'est à l'abri de ces trois mots, *honneur, gloire, patrie,* et par leur secours, que Napoléon a travaillé sans relâche à asservir la France. Quand le prestige qui les entourait a été dissipé,

---

était profond, un solide jugement, la faculté inappréciable, pour un *diplomate,* de s'insinuer dans les replis du cœur humain, cet esprit de pénétration qui lui découvrait d'avance toutes les conséquences d'une mesure politique : voilà bien des moyens pour s'être élevé sous le gouvernement impérial ; mais, par-dessus tout, il aimait la patrie, et il la regardait comme trahie et conquise. D'ailleurs, il avait trop le sentiment de sa dignité, et trop d'élévation dans l'âme, pour se façonner jamais à l'humiliation ; et il ne croyait pas qu'un homme qui conservait toujours le droit de penser par soi-même en fût à l'abri auprès de Bonaparte. Je pourrais puiser dans sa carrière politique plusieurs traits d'un grand intérêt, pour les rapporter ici ; mais j'espère payer bientôt un tribut de reconnaissance à l'amitié, en rassemblant les matériaux propres à faire connaître un homme d'Etat qui refusa constamment de se donner de l'éclat, quoiqu'il eût eu l'honneur, pendant le cours entier de la Révolution, d'exercer dignement son courage moral, et de conserver son patriotisme, son royalisme, et sa pureté.

le besoin politique des peuples s'est fait ressentir; et si des circonstances particulières et très - majeures ont concouru à hâter la chute de son gouvernement, il n'est pas moins vrai que cette dissolution devait avoir lieu tôt ou tard, et qu'elle était attachée à un sort inévitable, comme l'avaient calculé les meilleurs esprits. L'incendie de Moscou a été sans doute auxiliaire dans cette grande révolution; mais c'est surtout contre la *force d'inertie* que les Français ont opposée à Bonaparte qu'il est venu se briser : personne n'en est peut-être plus convaincu que lui-même.

Je m'abstiendrai de parler ici des fautes particulières qui ont pu résulter encore de son caractère présomptueux ; d'ailleurs cet homme avait des idées de grandeur dont il faudrait parler pour être juste : ces idées seraient même restées, avec sa gloire militaire, éternellement empreintes, comme l'honneur de nos armées, sur les beaux monumens qu'il faisait élever, s'il n'avait pas terni, aux yeux du sage, tout l'éclat de sa vie, et découvert les défauts de son jugement, les vices même de son cœur, en préférant amener par degrés la nation française à la servitude, que de lui donner ces nobles institutions qu'un siècle aussi brillant que le nôtre semblait réclamer, et que ce siècle imposant aurait nécessairement inspiré à un beau génie, s'il eût été accompagné d'une grande âme. Ce n'est pas l'histoire de Bonaparte que je veux écrire ici : je vais me renfermer dans mon objet, qui est de faire voir qu'en s'occupant toujours des maux présens, on doit aussi s'appliquer à prévenir ceux dont la France est constamment menacée.

Les temps passés ne s'étaient jamais présentés d'une manière si favorable pour atteindre le but d'une saine philosophie, celui de calmer les peuples en diminuant leurs maux. La réunion des plus grands Rois, liés par les mêmes intérêts ; la présence sous les armes de forces imposantes, par lesquelles on peut rompre toutes les trames de l'ambition ; l'enthousiasme qui rappelle les Bourbons pour régner sur la France, et qui consacre ainsi le principe de la légitimité ; toutes ces circonstances concourent nécessairement à une paix prochaine. Cependant, pour que tous les efforts ne soient pas inutilement dirigés vers cet objet, il faut qu'on se pénètre de cette vérité, que l'état des connaissances et que celui des opinions obligent les législateurs à admettre de nouveaux élémens dans la politique. En effet, les sciences, depuis cinquante ans, ont fait de si grands progrès, l'esprit d'investigation est devenu si général, qu'on se trouve par la pensée beaucoup au-delà de tout ce qui est écrit, de tout ce qui est institué ; en outre, s'il est impossible désormais de soumettre, par des subtilités, à de fausses idées les hommes qui pensent mûrement, les peuples mêmes sont encore plus éloignés, par sentiment et par l'état de leur raison, de s'attacher à des intérêts auxquels ils seraient étrangers.... Non, il est impossible que des princes dont toute l'Europe admire les vertus méconnaissent aujourd'hui leurs véritables intérêts, ne songent qu'à étendre des limites d'empire, et s'exposent, en rejetant les vues philanthropiques des hommes vertueux et éclairés, à compromettre leur puissance, au lieu de la consolider par des institutions qui puissent trouver toute leur force dans la satisfaction et le bonheur de leurs peuples! Le sage sera donc appelé au conseil des Rois; l'histoire n'aura pas été écrite en vain; on reconnaîtra quelles furent en France les entraves de la monarchie; et l'on ne négligera pas surtout de mettre à profit les cruelles leçons que vient de nous donner la Révolution française.

Comme les erreurs de grands physiciens ont devancé nos belles découvertes, il semble aussi que ce ne soit qu'après des erreurs que l'on puisse s'éclairer sur les vérités politiques. Alors il est peut-être avantageux que la Révolution, dont les horribles scènes ont déchiré tous les cœurs bien faits, se soit composée de révolutions particulières, caractérisées par des changemens de forme de gouvernement; ce qui nous a fait voir que le besoin politique le plus impérieux n'était pas, pour le peuple français, d'être gouverné sous telle forme particulière; et cela est évident, puisque nos troubles politiques ont toujours suivi leur même cours. Cette remarque atténue singulièrement le prestige attaché au régime républicain, et prouve encore que ceux qui ont voulu calmer notre état convulsif, n'en connaissaient pas bien le véritable caractère, puisque, pendant vingt-cinq ans, ils ont cru parer à tout par ces sortes de changemens successifs. La Révolution n'est pas un fait unique ; elle se présente à l'observateur sous plusieurs points de vue : les gouvernemens sont intéressés à recueillir tout ce qui la concerne : c'est un code à écrire et à conserver. Il est à croire qu'en nous faisant connaître les hommes, et en nous apprenant à lire l'histoire, elle était la condition nécessaire pour que l'État pût recevoir une organisation bonne et durable. Alors il n'est plus étonnant, ce qui était inexplicable, que les hommes qui, avant et pendant cette époque fatale, ont saisi avec tant de sagacité les défauts de nos institutions, n'aient pas su les rendre meilleures, s'il est vrai que, pour remplir cet objet, il fallût non-seulement être au courant de tout ce qu'embrasse aujourd'hui la science du législateur, mais surtout avoir vu la Révolution, et l'avoir jugée, en appréciant la nature et la force des prétentions que les lumières, en se propageant, ont élevées parmi les peuples.

Quelqu'un disait : « Qu'on me donne en France » la trésorerie, les journaux, les courriers et le gé— » néral de l'armée, je ferai ce que je voudrai ». On aurait peut-être pu lui accorder de plus l'opinion, et lui prouver qu'il se trompait fort, s'il ne comptait pas, en satisfaisant au besoin du moment, *devoir prévenir aussi le besoin à venir.*

Tout le monde ne connaît pas ce qui peut garantir la durée d'un gouvernement. Un homme de beaucoup d'esprit prétendait avoir appris par tradition une chose que confirmait sa manière d'interprêter notre histoire : c'est que depuis long-temps les Européens, et surtout les Français, sont dans une espèce de révolte mentale. Cette opinion pourrait être envisagée comme une vue de l'esprit sujette à examen ; mais il est à remarquer que les événemens principaux dont nous venons d'être témoins peuvent lui donner quelque poids ; car on a changé sept à huit fois de gouvernement, quoique à chaque révolution particulière le système nouveau eût été adopté avec enthousiasme : le prestige était bientôt dissipé, l'indifférence suivait, et l'on finissait par la haine. Il est même à propos de faire observer que la plupart de ces mouvemens se sont opérés sans qu'on ait tiré dans Paris un seul coup de fusil, et sans que le peuple des provinces se soit mû : or il est certain qu'on n'atteint pas facilement un gouvernement fondé sur des principes qui satisfont par leur justice. On a conclu de là que les Français avaient beaucoup de légèreté ; mais, bien considéré, rien n'est peut-être plus propre à prouver la solidité et la constance de leurs desirs, lorsqu'on peut croire que toutes les puissances nouvellement et successivement élevées n'ont été dissoutes que par l'effet d'un mécontentement général, toujours soumis à la même cause. Cela est même démontré ; car si l'on ne veut pas restreindre le sens du mot *gouvernement*, on verra que ceux qui se sont si rapidement succédés se sont ressemblés, autant par le but que voulaient atteindre les gouvernans, d'asseoir leur puissance, d'amasser des biens, d'élever leurs créatures, de rejeter les maux sur tous les autres ; que par leur éloignement pour l'objet qu'ils auraient dû se proposer, celui de former des institutions propres à rendre l'homme heureux. Quand une fois ils tenaient le pouvoir, ils cherchaient à peser, pour se soutenir, l'influence de toutes les choses qui composent le code de l'économie politique ; et leur empressement à cet égard décelait bien leur embarras. L'un disait : « Il faut » une armée nombreuse pour soutenir le Gouver- » nement pendant une révolution » ; l'autre : « Il faut » absolument rétablir la Religion, etc., etc. ». « Eh! » messieurs, leur disaient quelques personnes de » bon sens, le canon est sans doute un appui ; la » Religion un moyen sacré et puissant ; mais il faut » avoir quelque chose d'essentiel à appuyer et à » sanctionner ; et ce quelque chose est précisément » ce que vous éludez, cette partie de la morale, » qu'on peut appeler *les droits d'un chacun*. Faut-il » s'étonner qu'il y ait opposition là où ils sont con- » tinuellement méconnus » ?

Nous l'avons déjà dit : parmi les peuples de l'Europe, les Français surtout éprouvent un grand besoin politique ; le vice radical de leurs différens gouvernemens a été de se constituer de telle sorte, que ce besoin ne puisse être satisfait. La multitude est ignorante relativement à l'élévation des sciences ; mais ce qui a rapport à ses droits lui est devenu familier : *elle sait parfaitement ce qu'elle ne veut pas*, tandis qu'elle ne voit encore que vaguement ce qui lui conviendrait ; aussi, loin de pouvoir indiquer ses besoins, elle ne les connaît que quand ils se font sentir.. Tant pis pour qui gouverne sans éclairer cette question! car le peuple français, outré d'avoir été si souvent trompé, est dans un état de défiance continuelle, et ne tient plus compte des promesses, mais seulement des résultats. C'est ce qui explique parfaitement pourquoi le parti qui tient le pouvoir devient toujours le plus faible, et est renversé sans peine. Il n'y a qu'un empire durable en France, c'est celui de la justice. Lors donc qu'une faction commence ses violences, pour y régner, il faut se retirer et la laisser faire : l'opinion lui enlèvera bientôt ses forces.

L'objet de la morale déplacé depuis si long-temps, la suite des abus qui en ont été les résultats, la facilité de s'élever par l'intrigue presque toujours heureuse, ont fini par jeter dans une sorte de paralysie nos différens gouvernemens, ont produit et entretenu l'irritation et l'esprit de révolte du peuple, beaucoup plus exalté en France, parce que l'imagination y est plus active, parce que les changemens de gouvernement y ont été très-fréquens, et par-là les effets de l'ambition plus multipliés. Quelle foule de courtisans chaque révolution a fait paraître ! que de prétentions particulières ont été satisfaites ! que de gens ont été séduits par l'appât du pouvoir et des richesses ! et combien est dégoûtante cette lutte des gens en place, qui mène inévitablement toute la nation à sa perte !

Les Français peuvent se diviser en deux classes, sous le rapport de leurs besoins politiques : l'une qui raisonne, l'autre qui est dans un état passif : toutes deux souffrent ; toutes deux attendent impatiemment *un code qui fixe avec justice les droits civiques des individus.* En politique comme en médecine, la base d'un bon traitement est le régime ; et ce qui manque précisément en France, c'est un régime de vie civil.

Aujourd'hui, pour gouverner les Français, il faut être surtout pénétré d'amour et de considération pour l'humanité. Qui remplirait mieux cette condition que nos Bourbons ? Ne sommes-nous pas dans leur cœur ? Leurs maux ne sont-ils pas les nôtres ? Nos maux ne sont-ils pas les leurs ?....

Toutes les fois que le but des ambitions privées ne sera point fixé, il existera en France une fermentation sourde, qui forcera le Gouvernement à voir dans des guerres sans motif les moyens de détourner fortement l'attention, à former des corporations ambitieuses, à créer des administrations ruineuses pour satisfaire les désirs violens et vagues d'une foule de gens (1). Il n'y a peut-être pas en ce moment une seule famille qui ne fasse pour ses enfans quelque projet erroné et extravagant ; l'intrigue use les trois quarts du pavé de Paris ; et dans ce moment même, une nuée d'empressés fuit les provinces, court inonder la capitale, pour en revenir avec un fragment de pouvoir qu'il exercera avec arrogance ; car en France, c'est la maladie à la mode : on ne veut pas laisser les gens tran-

---

(1) C'est ce que fit Bonaparte.

quilles; on veut les secouer; on veut dominer. Que
de gens voudraient que leur nom fût écrit partout!
Que de gens veulent régner sur l'opinion! Que d'orgueil! que de fatuité! Mais dans cet état de choses,
il faut partir *de principes justes, pour donner une
direction et des bornes aux pretentions privées*, sans
quoi l'on produira de nouveaux mécontentemens,
qui proviendront de ce que chacun se trouvera déplacé; et nous aurons toujours une cause existante
de révolutions intestines et de guerres avec nos voi-
sins. Que si l'on ne peut pas guérir encore le corps
social de tous ses maux, il est du moins nécessaire
de s'attacher, dès à présent, à des idées générales,
qui puissent nous amener, dans un temps donné, à
une situation durable.

Plusieurs causes nous obligent à modifier nos anciennes institutions, parmi lesquelles on peut remarquer d'abord la sévérité des principes du chris-
tianisme, qu'on oppose à l'orgueil pour l'abaisser;
les connaissances actuelles sur l'homme et sur les
hommes, telles que les opinions et les habitudes qui
se sont formées, contrastent avec les lois. En outre,
la variété des moyens d'acquérir de quoi vivre ou de
parvenir à la fortune, par l'industrie et le commerce,
a répandu dans la société la conviction de ces deux
vérités : l'une, que tout individu doit désespérer de
pouvoir soumettre quelqu'un de ses semblables à
une dépendance continuelle; l'autre, qu'on gagne
sa liberté en s'attachant à une profession. Les nouvelles théories sur l'agriculture obligent les habitans

des campagnes à s'instruire, pour exercer dignement leur art et pour augmenter leur aisance : elles commencent ainsi à opérer sur le moral des Français, *en leur inspirant la satisfaction de soi-même,* un changement qui sera peut-être un jour plus considérable que l'effet de la découverte de l'Amérique sur l'affranchissement des peuples de l'Europe. Enfin, les lumières sont si généralement répandues, qu'elles portent l'homme à jouir de sa propre estime et à savoir se suffire ; aussi notre siècle, par son élévation, n'a-t-il pu jusqu'ici se mettre en harmonie avec les moyens qu'on a voulu employer pour le diriger. Un homme frappé d'ineptie, étant soutenu, inspirerait peut-être encore une crainte passagère; mais il ne pourrait pas commander la considération : par opposition, il n'est pas possible qu'un administrateur, un artiste, un commerçant, un homme de loi, un littérateur, un savant, soient dépouillés de la part qu'ils acquièrent à l'estime publique. Les dédains et les mépris ne peuvent plus s'adresser qu'aux méchans.

Conséquemment, les modifications que tout tend à produire dans l'état social, sont *de conformer les institutions aux idées acquises.* Si les Bourbons, dans leur noble générosité, opèrent eux-mêmes ce changement, ils asseyent indéfiniment leur race sur le trône de France ; ils éternisent en leur faveur l'enthousiasme qui les rappelle aujourd'hui; ils se couvrent d'une haute gloire, et ils acquièrent à jamais l'estime et l'amour de l'humanité. Le bien est maintenant facile à faire : le moment est favorable;

mais si une fois on donnait une impulsion contraire, il serait très-difficile de s'arrêter; les fautes se succéderaient d'une manière rapide et obligée; et chaque acte de retour vers le bien ne se présenterait peut-être alors que comme un défaut de conséquence dans les principes.

Que l'auguste et bienfaisante famille des Bourbons, qui nous est rendue sous de si heureux auspices, adopte ces idées, qu'elle persiste à les défendre, elle verra sortir de la retraite, pour la soutenir, pour mourir, s'il le faut, en défendant leur Roi, tous ces hommes vertueux, énergiques, l'honneur de leur nation; dévoués à la patrie, amis de sa gloire, alarmés sur ses moindres maux, que ses douleurs déchirent cruellement, qui lui rendent un culte d'amour; ces hommes, qui ont trop à s'énorgueillir de leur patriotisme, quoique le crime ait souvent emprunté ce nom, pour que des factions puissent les faire rougir d'un titre ennobli par des vertus, et surtout par le désintéressement; ces hommes enfin qui, ayant jugé qu'on ne se battait depuis vingt-cinq ans que pour soutenir l'élévation de quelques ambitieux, et non pas pour obtenir de bonnes lois, n'ayant aperçu qu'un moment un parti véritablement français, sont revenus sur eux-mêmes, et se sont tenus, pendant toute la Révolution, dans une juste réserve. Le Roi et le peuple français ne seront heureux que lorsque ces soutiens réels de leur bonheur commun auront pu sortir librement de l'état d'éloignement où on les a forcés de vivre jusqu'aujourd'hui. En vain essaierait-on de disposer de l'influence qu'ils finissent toujours par exercer sur le peuple, s'ils ne jugeaient pas qu'on voulût le rendre heureux en l'affranchissant du joug que cherche encore à lui imposer l'orgueil : ils ne contribueront jamais à avilir l'humanité. Que si, dans le nouvel ordre de choses, on ne s'écarte pas de principes qui laissent à l'homme toute sa dignité, malheur à qui voudrait toucher au trône de nos Rois ! Mais non, il ne serait pas besoin de montrer de l'énergie : la justice a toujours amené le calme; les Français l'aiment, ils en ont le sentiment exquis. Ce n'est pas contre elle que luttent les partis, *c'est entre eux* : son empire les réduirait tous au silence et à l'inaction. D'ailleurs, est-ce que le Roi de France, appelé à élever sur des ruines un nouvel édifice social, peut composer avec des factions dont les intérêts sont si opposés à ceux de son peuple ?

On ne peut substituer à la raison que deux moyens pour gouverner aujourd'hui le peuple français, c'est la ruse et la force. Je ne crois pas qu'il soit possible en France de déguiser la ruse adroitement : à cet égard, on a enchéri fort inutilement sur tout ce qu'on peut imaginer; quant à la force, les Français ont su déjà lui opposer l'inertie. Beaucoup de gens, qui croient qu'on peut calmer notre effervescence par des termes moyens, semblent se grouper aujourd'hui autour de quelques nouvelles expressions, telles, par exemple, que celle d'*idées libérales*. Qu'on s'attache surtout à en préciser le sens ; car il en serait comme de ces mots, *liberté*, *égalité*, pour lesquels on se battrait encore, quoiqu'il soit vrai que, faute d'être définis, ils n'aient servi réellement qu'à favoriser et masquer l'ambition. La puissance des mots finit par se dissiper; néanmoins elle est très-redoutable.

Quelles difficultés ne rencontrerait-on pas, si l'on voulait aussi administrer la France, sans tenir aucun compte de ce qui vient de se passer? Quelle lutte continuelle il faudrait établir! quelle compression révoltante, absurde et précaire il faudrait exercer! quels désordres ne produirait-on pas! On n'a pas besoin de peindre ce genre de situations politiques : nous en sortons. On y rentrerait d'autant plus facilement par une marche tout-à-fait contraire aux nouvelles impulsions, que les hommes qui les ont reçues sont les élémens sur lesquels il faut agir, et les instrumens dont il faut enfin se servir. Les Français se trouvent dans des dispositions tout opposées : les uns voudraient recouvrer et même étendre les prérogatives établies avant 1789; d'autres, plus nombreux, voudraient être appelés à en jouir; la plupart sont révoltés de la tendance où l'on est de leur imposer un joug qu'ils ont eux-mêmes secoué; et il y en a beaucoup encore qui prennent une licence effrénée pour la véritable liberté. *Le procès n'est donc pas terminé :* un choc entre tous les partis serait inévitable, et les révolutions seraient là, si les Bourbons, dont le retour propice semble avoir eu lieu pour empêcher les Français de s'entr'égorger, ne les soumettaient à des institutions dirigées par une grande sagesse et une sévère justice.

Toutefois le caractère des Français est, de sa nature, si bon et si juste, que, quoique l'exagération des prétentions, d'une part, et la résistance, de l'autre, aient mis la guerre civile dans les cœurs, l'irritation n'y est maintenue que par l'indécision où l'on est sur les moyens qui pourraient produire l'accord des différens partis ; car tout le monde, à l'exception de quelques jacobins forcenés et de quelques féodalistes extravagans, se rattacherait à un système juste. Le véritable esprit des Français vient de se montrer à l'empressement qu'ils ont mis à se rallier aux douces paroles des divers membres de la famille royale : l'essentiel est maintenant d'en tirer parti.

Si l'on essayait de rétablir tout l'ancien ordre de choses, il n'y a pas de doute qu'on n'éprouvât des troubles très-prochains, quelques précautions qu'on prît pour les éviter ; ou bien, en attendant qu'ils éclatassent, le peuple tomberait dans une tiédeur désespérante ; car pour l'enthousiasme, il se dissiperait ; et le cri de ralliement, qui fait aujourd'hui la seule espérance des gens honnêtes, serait perdu, ou deviendrait exclusivement celui de quelques personnes. Alors chaque Français, nonchalamment cupide et égoïste, détaché du Gouvernement, comme sous Bonaparte, assisterait avec indifférence à la ruine de son pays.

Si l'on n'en cherchait les moyens avec une constante sagesse, comment s'opposerait-on à tous les événemens malheureux qui peuvent résulter encore de l'imprévoyance? Pourrait-on empêcher que les erreurs qu'on introduirait ne fussent sapées par quelqu'un de ces hommes dont le génie va scruter les bases de toutes les opinions? Par des décrets isolés, que tous les partis auraient alternativement dictés, qui conséquemment ne se rattacheraient à aucun principe vrai, espérerait-on de diriger l'ambition, de contenir l'orgueil, de corriger les mauvaises mœurs, de satisfaire l'amour-propre, de calmer l'avidité, de dissiper cet esprit révolutionnaire qui agite tant de têtes *et si diversement*, de faire cesser la mauvaise humeur du peuple, de calmer la rage concentrée d'une foule de gens, de substituer la dignité des grands à une présomption révoltante, de fixer enfin les idées, d'anéantir les partis, et de porter la paix dans les cœurs? Pour opérer ces prodiges, il faut former des institutions qui, en fixant l'objet de la morale, la sanctionnent d'une manière satisfaisante; et l'on ne peut éprouver une véritable satisfaction qu'en voyant succéder aux systèmes factices qui ont dirigé jusqu'ici une doctrine générale tirée des connaissances acquises sur l'homme, envisagé privativement et collectivement. Il n'en est pas de cette question comme du nœud gordien; on ne la résout pas à coups de sabre. C'est même cette ridicule prétention qui a contribué à hâter la chute de Bonaparte.

Nous avons tant de choses à accorder, qu'il est devenu bien difficile de prendre l'initiative pour déterminer ce qui doit rendre la France heureuse. En effet, les conditions pour qu'un homme soit apte à nous donner maintenant une bonne législation sont peut-être impossibles à trouver réunies : il faut, et c'est très-important, qu'il aime et pratique la vertu, qu'une vive affection pour sa patrie domine en son cœur, qu'il sente combien le titre de Français relève son être ; il faut qu'il honore les Bourbons, et qu'il soit persuadé que leur renversement, si ce malheur pouvait avoir lieu, compromettrait notre existence politique, et empoisonnerait notre vie morale, en renouvelant les espérances de tous les ambitieux, et en couvrant encore la France de sang et de deuil. Il doit être tellement pénétré *de la force des institutions justes*, qu'il ne croie pas devoir jamais les étayer par des moyens révolutionnaires; mais aussi, pour les former, il faut qu'il ait beaucoup de sens, qu'il possède de grandes lumières, qu'il soit assez jeune pour n'être pas entièrement imbu des préjugés des temps passés, assez âgé pour avoir jugé les événemens du temps présent, assez sage pour ne s'être pas laissé séduire sous le régime des mots, et assez heureux pour avoir échappé, en faveur des études, à l'empire de fer : il faut en quelque sorte qu'il ait vu passer sous ses yeux une génération d'hommes forts. Un seul individu possédera quelques honorables qualités, qui ne réunira pas tous ces précieux avantages ; et quoique voyant les choses en système général, il ne pourra approfondir qu'une des parties de la science politique. C'est ce qui a convaincu les bons esprits qu'il fallait une puissance légitime, autour de laquelle toutes les lumières vinssent se réunir, qui fût constamment occupée à distinguer le vrai de ce qui n'en a que l'apparence, à prévenir les écarts, à rattacher et à lier entre elles les vues particulières ; et cette puissance, c'est le Roi.

Si ces matières étaient soumises à l'examen de la multitude, on tomberait dans l'anarchie populaire, qui doit toujours résulter de ce qu'on appelle à délibérer sur un objet des hommes qui ne l'ont pas étudié : trop de gens en France se sont mêlés de politique ! Si, d'autre part, on consultait exclusivement les corporations ou les personnes privilégiées, bientôt l'anarchie féodale se relèverait, le trône serait avili et le peuple opprimé.

Il n'y a donc qu'un petit nombre d'hommes mûrs, très-instruits, pénétrés des sentimens qui animent aujourd'hui la nation française ; sans pouvoirs, afin que l'émission de leurs avis ne prenne jamais un caractère d'opposition ; sans ces énormes traitemens qui font qu'un homme, payé pour dire la vérité, perd le courage et souvent le droit de la dire ; enfin une réunion qui puisse être chargée d'assembler les matériaux, d'appeler à soi ceux qui peuvent en fournir; et qui, après les avoir ordonnés en système, puisse mettre le Roi à même d'offrir à un corps représentatif un code de lois propres à cimenter la paix intérieure, à établir un bonheur durable, à asseoir à jamais sur le trône la race régnante, qui, déjà forte de l'amour des Français, le deviendra davantage en s'appuyant sur des institutions que puissent avouer la justice et la raison..

Il n'y a pas de phénomène dont les lois générales ne présentent quelque anomalie : on n'obtiendra donc pas immédiatement un bonheur continuel ; mais, malgré quelques agitations, dès que les parties d'un bon plan se développeront, on pourra commencer à rapprocher les matériaux hétérogènes dont se compose lasociété française.

Chacun trouve un abri protecteur autour du trône des Bourbons. Avec de bonnes institutions, nos dignes Princes peuvent être rassurés sur l'avenir. On ne s'élèvera pas contre eux pour ressusciter les Jacobins ; on les abhorre : au milieu des divagations de leur cerveau, ils tuaient, pillaient et ruinaient. On n'a pas non plus à craindre qu'on soutienne un système aristocratique : en France, on craint encore moins la ruine et la mort que l'humiliation. Je ne parle pas de Bonaparte, qui n'a su que combattre. Il n'avait pas étudié les hommes pour travailler à les rendre heureux, mais pour se les assujettir. Son jugement avait été porté il y a douze ans : c'était une parenthèse ; elle est fermée (1).

---

(1) Les circonstances les plus importantes de la révolution du 20 mars s'expliquent par les indécisions qui existaient encore dans l'esprit des Français. Combien est grande la sagesse du Roi, de vouloir les faire cesser

www.ingramcontent.com/pod-product-compliance
Ingram Content Group UK Ltd.
Pitfield, Milton Keynes, MK11 3LW, UK
UKHW020130080726
13614UKWH00005B/2159

9 782019 649807